축복의
놀라운 능력

리차드 브런튼

The Awesome Power of Blessing
(축복의 놀라운 능력)
Published by Richard Brunton Ministries
New Zealand

© 2020 Richard Brunton
(리차드 브런튼)

ISBN 978-0-473-52421-0 (Softcover)
ISBN 978-0-473-52422-7 (ePUB)
ISBN 978-0-473-52423-4 (Kindle)
ISBN 978-0-473-52424-1 (PDF)

Editing:
Special thanks to
Joanne Wiklund and Andrew Killick
for making the story more readable
than it might otherwise have been!

Production & Typesetting:
Andrew Killick
Castle Publishing Services
www.castlepublishing.co.nz

Cover design:
Paul Smith

CONTENTS
(목 차)

FOREWORD
(서문)

나는 여러분이 분량은 작지만 강력한 메시지를 가진 이 책 읽기를 권면합니다. 책을 읽은 후 여러분의 인생이 변할 것입니다.

어느 날 아침 식사를 함께 하던 리차드 브런튼(Richard Brunton)이 '축복의 힘'에 대해 하나님께서 계시하셨던 것을 내게 말해 주었습니다. 나는 그것이 우리 삶에 미칠 놀라운 가능성을 바로 알 수 있었습니다.

그가 전해준 메시지를 촬영하여 우리 교회 형제들이 모이는 캠프에서 나누었습니다. 참석했던 형제들은 그 영상 메시지를 전 교회가 듣기를 원했습니다. 교인들 중 많은 사람들이 삶의 여러 영역에서 이 메시지를 실천하자 놀라운 간증들이 넘쳐났습니다. 한 사업가는 그의 사업이 2주만에 흑자로 돌아섰습니다. 자신의 육체를 축복하기 시작했던 사람들은 육신의 회복을 경험했습니다.

이 일 후에 축복의 메시지를 전할 기회들이 생기기 시작했습니다. 나는 케냐와 우간다에서 사역하는 목회자들의 컨퍼런스에 참석할 계획이었습니다. 그 때 나는 리차드에게 축복에 관한 강의를 부탁했습니다. 참석했던 대부분의 목회자들은 아버지로부터 축복을 받아본 적이 없었습니다. 그가 전한 메시지는 오랜 동안 견디어 왔던 목회자들의 공허함과 마음 속 깊은 곳에 있던 고통을 깨뜨렸습니다. 리차드가 아버지의 역할을 대신하여 그들을 축복했을 때 많은 이들이 울기 시작했습니다. 즉각적인 삶의 변화와 함께 감성적, 영적으로 해방감을 경험하게 되었습니다.

‘어떻게 축복하는가’를 아는 것이 나에게 큰 영향을 주었고, 나의 말과 행동으로 다른 사람들을 축복할 수 있다는 것을 발견했습니다. 이 책을 즐기십시오. 이 책을 여러분의 인생에 적용하기만 하면 하나님 나라를 위한 열매가 날마다 풍성히 넘치는 것을 보게 될 것입니다.

지오프 위크런드(Geoff Wiklund)
Geoff Wiklund Ministries,
Former Chairman, Promise Keepers,
Auckland, New Zealand

하나님께서는 리차드에게 축복의 능력을 계시하셔서서 다른 사람들에게 전하게 하셨습니다. 나는 이것이 이 시대를 위해 하나님이 주신 계시라고 믿습니다.

전하는 메시지대로 리차드가 살아가고 있어서 우리가 즉시 적용할 수 있는 진정성이 그 안에 있습니다.

이런 이유로 Promise Keepers형제들 모임에 리차드를 강사로 초청하였습니다. 충격이 엄청나게 강력하여 많은 참석자들의 삶에 변화를 주었습니다.

'축복하기'는 그 행사에 참석했던 형제들의 마음을 만지고 사로잡았던 화제가 되었습니다. '축복*의 능력(the power of good speaking)'에 대한 반응은 폭발적이었습니다. 많은 형제들이 한 번도 축복을 받아보지 못했고 다른 사람을 축복해 준 적도 없었습니다. 리차드의 강의를 듣고 이 책을 읽은 후 그들은 매우 강한 축복을 받았으며 성부와 성자와 성령의 이름으로 다른 사람들을 축복할 준비가 되었습니다.

하나님의 축복을 가족, 사회, 국가에 흘려보내기 원한다면 그 길이 리차드와 그의 책 '축복의 놀라운 능력(The Awesome Power of Blessing)'에 있음을 추천합니다.

폴 서브리츠키(Paul Subritzky)
Former National Director, Promise Keepers
Auckland, New Zealand

* 축복은 영어로 'blessing'이고 불어로는 'benediction'이며 원어의 의미는 'good speaking'이다.

INTRODUCTION
(도입)

우리는 좋은 소식 듣기를 원하며 좋은 소식을 전하고 싶어한다.

내가 '축복하는 것'의 가치를 알게 되었을 때, 나는 성경에서 밭에 감추인 보화를 발견한 농부와 같은 심정이었다. 나의 생각과 경험을 지오프 위클런드 목사님과 나누었고 2015년 2월에 있었던 캠프에 참가한 그의 교회 형제들에게 소개해 달라는 요청을 받았다. 형제들이 감동을 받고 교회 전체가 그것을 듣기를 원했다.

그 교회에 가서 말씀을 전할 때, 우연히 브라이언 프랜스 목사님(Brian France, Charisma Christian Ministries)과 폴 서브리츠키(Paul Subritzky, Promise Keepers NZ) 목사님이 참석해 있었다. 결국 뉴질랜드와 피지에 있는 Charisma 교회와 Promise Keepers에서 사역하고 있는 형제들에게 같은 메시지를 나누게 되었다. 많은 사람들이 감동을 받고 '축복하기'를 실천하자 놀라운 일들이 눈앞에서 벌어졌다. 어떤 이들은 하나님 나라의 이런 특징에 대해 들었던 적이 결코 없었다고도 했다.

축복 사역은 불어나는 눈덩이와 같았다. '선물은 그 사람의 길을 너그럽게 하며 또 존귀한 자의 앞으로 그를 인도하느니라.'(잠언 18:16)라고 하나님은 말씀하셨다. 2015년말 즈음 지오프(Geoff) 목사님을 따라 케냐와 우간다에 동행했다. 목사님은 수백 명의 목사님들이 참석하는 총회를 담당하고 계셨다. 각 지역의 대표들이 영적인 충전과 후원자들을 찾는 연례 행사였다. 지오프 목사님은 '축복하기'에 대한 나의 강의가 그 분들에게 도움이 될 것이라 생각했고 실제로 그렇게 되었다. 목사님들 뿐만 아니라 미국, 호주, 그리고 남 아프리카에서 온 다른 강사들도 이것이 강력한 메시지라는 것을 알았고 더 많은 청중들에게 전파하기를 나에게 격려했다.

이 분야에 이미 훌륭한 책들이 많이 있어서 나는 웹 사이트를 따로 구축하거나 심도있는 다른 책을 쓸 계획이 전혀 없었다. '축복하기'라는 메시지는 매우 단순하고 실천하기 쉬웠기 때문에 복잡한 내용을 섞어서 단순성을 잃게 하고 싶지 않아 이렇게 얇은 책이 나오게 되었다.

케리 커크우드(Kerry Kirkwood)의 책 '축복의 힘', 로이 갓윈(Roy Godwin)과 데이브 로버츠(Dave Roberts)가 쓴 '풍성한 은혜: 축복의 사람이 되는', 프랭크 하몬드(Frank

Hammond)의 '아버지의 축복', 그리고 모리스 버퀴스트(Maurice Berquist)의 '축복의 기적과 힘'을 인용하였다. 다른 작가가 쓴 책으로부터 내가 배웠던 모든 것들이 시간이 지나며 한 곳으로 모였다.

축복의 힘을 발견하고 그렇게 행동하는 사람들에게 생명의 새 길이 열린다. 나는 카페나 식당, 호텔, 대기실, 심지어 길거리에서 믿는 자나 믿지 않는 자들을 바로 지금 축복하고 있다. 나는 고아들과 그 곳의 직원들, 비행기 승무원들, 과수원, 동물들, 지갑, 사업, 그리고 의학적인 건강을 축복한다. 내가 아버지의 축복을 선포할 때 내 가슴에 눈물 흘리는 많은 사람들을 만났다.

믿지 않는 사람들과 이야기할 때, '내가 당신과 당신 사업, 당신의 결혼을 축복해도 될까요?'라는 질문이 '내가 당신을 위해 기도해도 될까요?'보다 덜 위협적이라는 것을 발견했다. 요컨대 사랑의 관심을 표현하는 이런 간단한 질문으로 수년 동안 논쟁하던 가족을 예수 그리스도의 사랑과 구원으로 인도했던 적도 있다.

나는 축복의 모든 결과를 목격하지는 못했으나 축복이 인생을 변화시키고 있다는 것은 충분히 보았다. 그리고 그것은 나의 인생도 바꾸었다.

축복하는 것은 하나님의 성품이다. 하나님의 형상을 따라 창조되었기에 축복은 우리의 영적 DNA안에 존재한다. 성령께서는 하나님의 사람들이 예수 그리스도를 통해 주신 믿음과 권능으로 나아가 세상을 새롭게 하기를 원하신다.

나는 이 책이 도움이 된다는 것을 당신이 알게 되리라 확신한다. 예수님은 우리를 힘없게 남겨 두지 않으신다. 어떤 상황에서도 축복을 선포하는 것은 세상을 바꿀 수 있는 능력을 가진 우리에게 분에 넘치게 허락하신 영적 은혜다.

즐기세요.
리차드 브런튼(Richard Brunton)

PART ONE

Why Blessing?
(왜 축복인가?)

THE INSIGHT
(통찰)

아내 니콜은 뉴칼레도니아 출신이어서 나는 불어를 배워야 했고 상당한 시간을 그녀의 고향인 누메아에서 보내야 했다. 뉴칼레도니아는 카톨릭교 국가이지만 여전히 종교 생활 속에 미신과 주술적인 것들이 있었다. 무당이나 점쟁이, 주술사를 방문하여 상담을 받는 것이 그 곳에서는 특별한 일이 아니었다.

한번은 아내가 나를 데리고 치료의 능력이 있다고 믿는 20대의 자매를 방문했던 것을 기억한다. 결국 그 자매는 정신적으로 이상이 있었으며 우울증을 가진 것으로 밝혀졌다. 자매가 그리스도인인 것을 알고 나는 자매 안에 들어간 귀신을 쫓아 내려 예수 그리스도의 이름으로 축사했다. 카톨릭 교회의 신부님도 그 때 함께 기도했고 자매는 고침을 받고 자유로워질 수 있었다.

그 곳에 사는 카톨릭 교인들 중에는 여전히 다른 신들의 형상이나 우상을 섬긴다. 위장에 늘 문제가 있었던 한 형제가 있었다. 하루는 그 형제에게 집 앞에 놓인 큰 부처 상(밤이면 불이 켜지는)을 제거하면 위장병들이 사라질 것이라고 얘기했다. 또한 형제가 수집하고 있는 조형물들 중 일부를 버리라고 말했다. 그는 물건들이 그를 아프게 할 수는 없다고 나의 권면을 거절했다. 몇 개월 후 형제를 다시 만났을 때 위장이 어떤 지를 물었다. 그는 놀랍게도 "권면하신 대로 부처상을 제거한 후 위가 좋아졌어요."라고 했다.

한번은 암에 걸린 자매의 집에 방문해 달라는 요청을 받았다. 기도를 시작하기 전에 거실에 놓여 있던 부처 상을 치워 달라고 하자 자매의 남편이 즉시 그렇게 했다. 예수 이름으로 저주의 사슬을 끊고 귀신을 쫓아내자 자매는 발에서 시작하여 머리까지 얼음같이 차가운 기운이 올라오는 것을 느꼈다.

이런 경험을 바탕으로 우리 부부가 누메아에 있는 아파트에서 시작한 기도팀 팀원들에게 저주에 대해 강의하기로 결정했다. 강의는 데릭 프린스(20세기 유명한 성경 강사)의 책들에 근거하였다. 불어로 내용을 정리하면서 불어로 저주는 'malediction', 축복은 'benediction'이라는 것을 알았다. 이 각 단어의 원래 의미는 'bad speaking', 'good speaking'이다.

이전에는 저주는 어둡고 무겁고 위험한 것, 축복은 왠지 가볍고 밝고 상냥한 것이라 생각했다. 축복의 얘기보다는 저주에 대한 얘기를 더 자주 들었다. 나는 누군가가 진심과 능력으로 다른 누군가를 축복하는 것을 결코 보지 못했다. 사실 그리스도인들의 축복은 누군가가 재채기를 할 때 'Bless you'라고 하는 것이나 편지나 이메일 말미에 'Blessings'라고 쓰는 정도가 아닐까? 진심으로 의도하기보다는 습관적으로 축복이라는 단어를 사용하는 것은 아닌지 반문한다.

두 개의 단어, 'malediction'과 'benediction'을 묵상하며 'bad speaking'이 힘이 있다면 'good speaking'도 힘이 있으며 하나님께서 함께 하시면 오히려 더 큰 힘이 있어야 한다고 생각했다.

추후에 얘기할 몇 가지의 영감과 깨달음이 나를 '축복의 힘(the power of blessing)'으로 가는 여정을 시작하게 했다.

THE POWER OF OUR SPEAKING
(우리 말의 힘)

많은 책들이 우리가 사용하는 말의 힘에 대해 이야기했던 것을 반복하지 않으려고 내가 가장 중요하게 생각하는 것을 요약했다.

성경은 이렇게 말하고 있다.

'죽고 사는 것이 혀의 힘에 달렸나니 혀를 쓰기 좋아하는 자는 혀의 열매를 먹으리라.'(잠언 18:21)

말에는 놀라운 힘 – 긍정적, 건설적인 힘 혹은 부정적, 파괴적인 힘 – 이 있다. 언어 뿐만 아니라 특정한 톤을 사용하여 우리는 말에 의미를 더한다. 우리를 경청하는 사람과 심지어 우리 자신에게 말을 통해 삶과 죽음에 대해 이야기한다. 성경은 이렇게 말하고 있다.

'독사의 자식들아 너희는 악하니 어떻게 선한 말을 할 수 있느냐. 이는 마음에 가득한 것을 입으로 말함이라. 선한 사람은 그 쌓은 선에서 선한 것을 내고 악한 사람은 그 쌓은 악에서 악한 것을 내느니라'(마태 12:34-35)

그래서 비판의 마음은 비판의 말을, 자기 의로 가득 찬 마음은 심판의 말을, 감사가 없는 마음은 불평의 말을 하게 된다. 탐욕스러운 마음은 그에 상응하는 열매를 맺는다. 세상에는 부정적인 말들이 가득하다. 미디어는 매일 그런 말들을 쏟아낸다. 인간 본성과는 무관하게 우리는 다른 사람과 마주한 상황에 대해 좋지 않은 말들을 쉽게 하는 경향이 있다. 좋은 말을 하는 것이 왠지 우리에게 자연스럽지 않은 듯하다. 우리는 가끔 누군가의 장례에서나 그에 대해 좋았던 기억을 말한다. 그러나 '보화'는 감사의 말을 하는 사랑의 마음, 화해의 말을 전하는 평화로운 마음으로부터 흘러나온다. '사람은 입에서 나오는 열매로 말미암아 배부르게 되나니'(잠언 18:21)라는 말씀은 좋거나 나쁘거나 심은 대로 우리는 거둔다는 것이다. 당신은 당신이 말한 것의 열매를 취하게 된다. 그 점에 대해 어떠한 생각이 드는지?

이것은 크리스찬 믿음을 가진 사람이나 그렇지 않은 사람 모두에게 사실이다. 예를 들면 그리스도인이나 비 그리스도인이나 다음과 같이 생명의 말을 할 수 있다. '아들아, 참 잘했다. 멋진 오두막을 만들었구나. 언젠가 너는 훌륭한 건축가나 설계자가 될 수 있을 거야.'

거듭난(born-again) 그리스도인은 새 생명을 갖게 되어 성경은 이제 우리는 '새로운 피조물'(고후 5:17)이라고 말한다. 그러므로 우리는 그리스도인으로서 좋은 말(good speaking)은 더하고 나쁜 말(bad speaking)은 덜해야 한다. 마음과 입술을 주의해서 지키지 않으면 우리는 쉽게 부정적인 것에 빠져든다. 의식적으로 이런 생각을 하면 얼마나 자주 그리스도인들이 자신과 다른 이들을 저주하는 말을 하고 있는지를 알고 놀라게 된다. 이 점에 대해서는 다음에 더 이야기할 것이다.

MOVING FROM GOOD SPEAKING TO BLESSING: OUR CALLING
(우리의 부르심)

우리를 통해 역사하시는 예수의 생명으로 그리스도인들은 그냥 좋은 말(good speaking) 이상의 것, 즉 사람들과 상황에 대해 축복할 수 있다. 그렇게 하도록 우리는 부르심을 받았다. 축복은 우리에게 주신 가장 위대한 사명이다. 성경은 이렇게 말하고 있다.

> '악을 악으로, 욕을 욕으로 갚지 말고 도리어 복을 빌라 이를 위하여 너희가 부르심을 입었으니 이는 복을 유업으로 받게 하려 하심이라 그러므로 생명을 사랑하고 좋은 날 보기를 원하는 자는 혀를 금하여 악한 말을 그치며 그 입술로 궤휼을 말하지 말고'(베드로전서 3:8-9)

우리는 복을 주고 복을 받도록 부르심을 받았다. 하나님께서 아담과 이브에게 처음 말씀하신 것이,

> '하나님이 그들에게 복을 주시며 그들에게 이르시되

생육하고 번성하여 땅에 충만하라, 땅을 정복하라, 바
다의 고기와 공중의 새와 땅에 움직이는 모든 생물을
다스리라 하시니라'(창세기 1:28)

하나님은 그들이 번성하기를 축복하셨다. 축복은 하나님의
성품이다. 우리도 다른 사람들을 하나님과 같이 축복할 힘과
권세를 하나님으로부터 받았다.

예수님 역시 축복하셨다. 예수님이 승천하시기 전 마지막 하
신 일이 제자들을 축복하신 것이었다.

'예수께서 저희를 데리고 베다니 앞까지 나가사 손을
들어 저희에게 축복하시더니 축복하실 때에 저희를
떠나 하늘로 올리우시니'(누가 24:50-51)

우리가 닮아가야 할 분은 예수님이시다. 예수님이 하셨던 일
을 예수님의 이름으로 우리도 해야 할 것을 말씀하셨다. 하나
님은 우리를 축복의 통로로 창조하셨다.

WHAT IS CHRISTIAN BLESSING?
(그리스도인의 축복)

구약에서 '축복'이라는 단어는 히브리어 'barak'을 의미한다. 이것의 원래 의미는 '하나님의 의도를 말하다(to speak the intention of God)'이다.

반면에 신약에서 '축복'은 희랍어로 'eulogia'이다. 찬미, 찬양을 의미하는 'eulogy'의 어원이다. 'eulogia'는 '칭찬하다(to speak well of)'나 '누군가에 대한 '하나님의 호의와 의도를 말하다(speak the intention and favor of God)'를 의미한다.

그것이 이 책에서 내가 사용하는 '축복'이라는 단어의 의미이다. 축복은 누군가나 혹은 어떤 상황에 대해 하나님이 가지고 계신 호의와 의도를 말하는 것이다.

하나님께서는 이 땅에서 대개 그 분 스스로의 지혜로 일하시는 것을 제한하고 오히려 그의 백성들을 통해 일하신다. 이렇게 해서 하나님의 나라가 이 땅에 임하게 된다. 하나님은 그 분을 대신하여 우리가 축복하기를 원하신다. 그래서 나는 그리스도인으로서 누구나 혹은 어떤 상황에 대해 예수님의 이름으로 하나님의 호의와 의도를 말할 수 있다. 내가 믿음과 사랑으로 축복할 때 내 말에 '하늘의 능력'이 있어 하나님께서 원하시는 대로 변하게 된다. 내가 누군가를 믿음과 사랑을 가지고 진심으로 축복할 때 그 사람을 향한 하나님의 계획이 이루어지는 것을 본다.

한편 사람들은 의도적일 때도 있지만 대개는 부주의로 누군가나 자신에 대해 사단의 의도를 이야기한다. 악한 힘이 누군가를 향해 사단의 계획이 진행되도록 하여 도둑질하고, 살인하고 파괴하는 일들을 하게 만든다. 그러므로 항상 깨어 하나님을 찬양해야 한다.

'자녀들아 너희는 하나님께 속하였고 또 저희를 이기었나니 이는 너희 안에 계신 이가 세상에 있는 이보다 크심이라'(요한1 4:4)

'축복'하는 것이 하나님의 본질적인 성품이다. 축복은 하나님 마음 속 깊은 곳에 늘 있어서 놀랍게도 지나친 것처럼 보이기까지 한다. 사람들을 축복하시기로 작정하셨기에 그 어떤 것도 그 분을 막을 수 없다. 예수님은 많은 믿음의 형제와 자매를 원하셨고 바로 우리가 예수님의 형제이며 자매이다. 사람들을 축복하는 것이 하나님의 본심이듯이 하나님은 그의 백성들이 서로를 축복하기를 더욱 바라신다. 예수님의 이름으로 축복할 때 성령께서 임하신다. 하나님께서 원하시는 것을 말하고 하나님께서 하신 일을 우리도 따라 해야 하기 때문이다. 나는 이것이 얼마나 진실된 것인지를 늘 본다. 내가 누군가를 축복하면 성령님이 도우셔서 그 사람을 만지시고 사랑하시고 변화가 일어난다. 때로 사람들은 나를 안기도 하고 눈물 흘리며, '축복의 말이 얼마나 강력하고 정확했는지, 얼마나 내가 축복을 필요로 했는지 당신은 몰랐지요?'라고 말한다.

그러나 여기서 우리가 주목해야할 중요한 것이 있다. 반드시 우리가 하나님과의 친밀함 그리고 하나님의 임재 가운데 있을 때 축복을 해야 한다. 그 분과 영적 친밀함을 갖는 것이 가장 중요하다. 그럴 때 우리의 언어는 하나님이 원하시는 말씀이 되고 하나님의 계획을 성취하는 능력으로 기름부음 받게 된다. 그러나 여기서 잠깐 살펴보아야 할 것이 있다.

OUR SPIRITUAL AUTHORITY
(우리의 영적 권위)

구약 시대에는 제사장이 사람들을 위하여 탄원하며 그들에게 축복을 선포했다.

'아론과 그 아들들에게 고하여 이르기를 너희는 이스라엘 자손을 위하여 이렇게 축복하여 이르되

여호와는 네게 복을 주시고 너를 지키시기를 원하며
여호와는 그 얼굴로 네게 비취사 은혜 베푸시기를 원하며
여호와는 그 얼굴을 네게로 향하여 드사 평강 주시기를 원하노라 할찌니라 하라

그들은 이같이 내 이름으로 이스라엘 자손에게 축복할찌니 내가 그들에게 복을 주리라'(민수기 6:23-27)

신약 시대에 와서 우리는 그리스도인으로서 다음과 같이 불린다.

'오직 너희는 택하신 족속이요 왕 같은 제사장들이요 거룩한 나라요 그의 소유된 백성이니 이는 너희를 어두운데서 불러 내어 그의 기이한 빛에 들어가게 하신 자의 아름다운 덕을 선전하게 하려 하심이라'(베드로전서 2:9)

예수님은 이렇게 하셨다.

'그 아버지 하나님을 위하여 우리를 나라와 제사장으로 삼으신 그에게 영광과 능력이 세세토록 있기를 원하노라 아멘'(요한계시록 1:6)

얼마 전에 나는 기도그룹과 나눌 메시지를 하나님께 구하러 누메아에 있는 쿠엔 토로(Quen Toro) 전망대에 가 앉아 있었다. 하나님께서 '네가 누구인지 너는 모른다'라고 말씀하시는 것을 느꼈다. 그리고 몇 개월 후에는 '예수 그리스도 안에서 네가 가지고 있는 권능을 알게 되면 너는 세상을 변화시킬 것이다.'라고 말씀하셨다. 두 개의 메시지는 모두 특별히 지정한 그룹의 사람들을 위한 것이었지만 나중에 또한 나를 위한 것임도 알았다.

병이나 상황에 대해 직접 말하고(마가복음 11:23) 치료를 명령하는 것이 주님께 간구하는 것(마태복음 10:8,마가복음 16:17-18)보다 효과적이라는 것을 우리는 알고 있다. 많은 치유 사역자나 전도 사역자들이 그렇게 한다. 예수님은, '너희가 병자를 (내 이름으로) 고쳐라. 그것은 나의 일이 아닌 너희의 일이다. 그렇게 해라.'라고 말씀하신다.

하나님은 고치기를 원하시며 우리를 통해 그렇게 하기를 원하신다. 하나님은 구원하기를 원하시며 우리를 통해 그렇게 하고 싶어하신다. 하나님은 축복하길 원하시며 우리를 통해 그렇게 하신다. 우리는 하나님께 축복을 간구하거나 예수님의 이름으로 우리가 직접 축복할 수 있다.

몇 해 전 아침 일찍 출근하여 사업장을 축복했던 것을 기억한다. '주님, 콜마 브런튼(기업명 Colmar Brunton)을 축복합니다.'라고 시작했다. 너무 평범하다는 생각이 들어 소극적으로 다음과 같이 바꾸어 보았다.

콜마 브런튼, 성부, 성자, 성령의 이름으로 너를 축복한다. 오클랜드에 있는 너를 축복하며 웰링턴에 있는 너를 축복하며, 이 지역에 있는 너를 축복한다. 일터에 있을 때나 집에 있을 때에도 너를 축복한다. 하나님의 나라가 이 곳에 임하길 바란다. 성령님 오십시오. 언제나 환영합니다. 사랑과 희락과 화평, 오래 참음과 자비와 양선, 충성과 온유와 절제를 너에게 준다. 고객들이 성공할 수 있도록 돕고, 더 멋진 세상을 만들 수 있는 많은 아이디어가 하나님의 나라로부터 너에게 나타나기를 예수님의 이름으로 축복한다. 고객들이 활동하고 있는 곳마다 하나님의 은혜가 넘칠 것이다. 고용 시장에도 은혜가 넘칠 것이다. 우리의 비전인 '더 나은 기업, 더 나은 세상'을 축복한다. 예수님의 이름으로 기도합니다.

성령의 인도하심에 따라 입구에 십자가를 긋기도 하고 예수 보혈로 사업을 보호해 주시기를 간구했다.

'주님, 콜마 브런튼을 축복하여 주십시오.'라는 기도가 아닌 '내가 성부와 성자와 성령의 이름으로 콜마 브런튼을 축복한다'는 기도로 바꾼 후에 하나님의 기름 부으심과 기뻐하심, 도우심을 크게 느꼈다. '네가 이제야 알았구나, 아들아. 바로 그것이 내가 원하던 것이야.' 라고 말씀하시는 듯했다. 이런 기도를 할 때마다 하나님께서 기뻐하시는 것을 알았다. 그 결과 사무실의 분위기가 바뀌었다는 것을 많은 동료들이 발견하고 왜 그렇게 되었는지를 궁금해했다. '축복'이 세상을 바꾼다는 것은 놀라운 일이었다. 그러나 나는 거기서 멈추지 않고 이른 아침이면 아무도 없는 사무실에 나가 여러가지 어려운 문제로 지혜를 필요로 하는 동료들 의자에 안수하고 축복하였다. 축복의 기름 부음이 의자를 통해 그 곳에 앉을 동료에게 전달될 것을 믿었다.(사도행전 19:12) 누군가에게 분명히 축복이 필요하다는 것을 알 때면 이런 방법으로 축복하곤 하였다.

하나님의 이름을 습관적으로 부적절하게 사용하던 동료가 있었다. 어느 날 아침 그의 의자에 손을 얹고 예수님의 이름으로 하나님을 욕되게 하는 영을 묶는 기도를 하였다. 여러 번 반복해서 그렇게 한 뒤 악한 영이 위대한 능력에 무릎을 꿇었고 동료의 입에서 하나님을 모독하던 단어들이 사라졌다. 주변에 있는 동료들이 하나님의 이름을 망령되이 사용하는 것 때문에 자신의 일터에서 벗어나기를 원하며 기도를 부탁했던 친구가 있었다. 오히려 직장을 축복하고 그 곳의 분위기를 바꿀 사명이 그에게 있다는 견해를 제시했다. 그 때 우리는 세상을 변화시킬 수 있다.

하나님께서는 온 인류를 축복하기 원하시지만 하나님의 백성들을 통해 그렇게 하기를 더 원하신다는 것이 분명해 보인다. 여러분들에게는 영적인 축복의 권능이 있다. 축복하라! 우리의 하늘 아버지는 그의 구속 사역에 우리가 동참하며 동역하기를 원하신다. 우리는 치유와 구원으로 사람들을 축복할 수 있을 뿐만 아니라 언어로도 축복할 수 있다. 얼마나 놀라운 특권이며 또한 책임인지!

축복이란 성령이 주신 권위와 능력, 사랑과 열린 마음으로 사람들의 삶과 그 들이 처한 상황에 대한 하나님의 목적을 선포하는 것이다. 축복은 믿음으로 하나님의 계획을 선포하는 행위이다. 그랬을 때 우리는 세상을 변화시키는 그 분의 능력이 일하시게 할 수 있다.

'우리는 축복할 수 있기에 축복을 받은 존재'라는 것을 꼭 기억하라.

PART TWO

How to Do It
(축복하기)

SOME IMPORTANT PRINCIPLES
(중요한 원칙들)

정결한 입술이 삶의 방식이 되게 하라

‘한 입으로 찬송과 저주가 나는도다 내 형제들아 이것이 마땅치 아니하니라’(야고보서 3:10)

‘네가 만일 헛된 것을 버리고 귀한 것을 말한다면 너는 나의 입이 될 것이라’(예레미야 15:19b)

하나님의 계획과 의도에 대해 말할 때는 헛된 것, 쓸데없는 것을 버려야 한다.

성령께 무엇을 말할지 물으라

예배하거나 방언함으로 당신 영을 깨우라. 먼저 축복하기 원하는 사람을 향한 하나님의 사랑을 깊이 느낄 수 있도록 성령께 도우심을 구하라. 다음과 같이 기도하라.

아버지, 어떤 말을 해야 할지 알려주세요. 이 형제나 자매를 향한 축복의 말씀을 주세요. 내가 어떻게 형제나 자매를 격려하고 위로할 수 있을까요?

간청과는 다른 축복

입을 열어 축복을 말하는 것이 대단히 어렵다는 것을 많은 사람들이 경험한다. 대개 예외없이 하나님께 축복주시기를 간구하기 시작한다. 이것 역시 좋은 것이지만 이렇게 하는 축복은 기도이다. 기도와 축복의 차이를 아는 것이 중요하다. 축복을 말하거나 선포하는 것은 기도나 간청을 대체하는 것이 아니라 동반하는 것이다. 기도와 간청, 축복이 규칙적으로 함께 해야 한다.

로이 갓윈(Roy Godwin)과 데이비드 로버츠(David Roberts)는 그들의 '넘치는 은혜'라는 책에서 이것을 잘 표현하고 있다.

축복할 때 가능하면 그 사람의 눈을 보며 그에게 직접 말해야 한다. 예를 들어 '나는 예수의 은혜가 당신에게 임하기를 주님의 이름으로 축복합니다. 나는 하나님의 사랑이 당신을 에워싸며 당신 안에 충만하기를 하나님의 이름으로 축복합니다. 나는 하나님이 얼마

나 완전하게 당신을 받아들이며 즐거워하시는 지를
알게 되기를 축복합니다'라고 할 수 있다.

개인적인 대명사 '나'를 주목하라. 누군가에 대해 직
접 예수님의 이름으로 축복을 선포하는 것이 '나'이
다. 하나님께 축복을 주십사 기도하는 것이 아니라
예수님이 축복의 선포자로 주신 권위로 내가 사람들
을 축복하는 것이다. 그리면 하나님께서 오셔서 그들
을 축복하실 것이다.

판단하지 마라

누가 축복을 받을 만한 지 아닌 지를 판단하지 마라. 누군
가 혹은 어떤 것에 대해 선포하는 진정한 축복은 하나님께
서 그들을 보시는 방법을 표현하는 것이다. 하나님의 초점
은 이 순간 그들의 모습이 아니라 그들이 미래에 갖게 될 모
습이다. 하나님은 기드온을 '큰 용사'(사사기 6:12)라고 부른
다. 그 때 기드온은 스스로를 작고 보잘 것 없는 자라 생각했
다. 예수님은 베드로를 '반석'(마태복음 16:18)이라 부르셨
다. 베드로가 그를 따르려는 사람들을 책임 질 준비가 되기
훨씬 전이었다. 심지어 성경은 이렇게 말한다. '기록된 바 내
가 너를 많은 민족의 조상으로 세웠다 하심과 같으니 그가 믿
은 바 하나님은 죽은 자를 살리시며 없는 것을 있는 것으로

부르시는 이시니라.'(로마서 4:17) 우리가 이 말씀을 제대로 안다면, 누군가가 축복을 받을 만한 존재인지를 판단하는 것을 멈출 것이다.

축복을 받을 만한 사람이 적다면 더 많은 사람들이 축복을 필요로 한다는 것이다. 축복받을 만하지 않은 사람들을 축복하는 사람에게 더 큰 축복이 돌아올 것이다.

실질적인 예

술로 인해 어려움을 겪고 있는 프레드(가명)라는 사람을 상상하라. 프레드의 부인은 행복하지 않을 것이고 아마 다음처럼 기도할 것이다. '하나님은 프레드를 축복하신다. 프레드가 술을 끊고 내 말에 귀 기울이도록 하신다.' 그러나, 아래와 같이 기도하는 것이 훨씬 강력하다.

> '프레드, 나는 예수님의 이름으로 당신을 축복합니다. 당신의 삶을 향한 하나님의 계획이 이루어지기를 바랍니다. 하나님이 당신을 통해 원하시는 그런 남자, 남편, 그리고 아버지가 되기를 바랍니다. 나는 당신이 중독으로부터 자유로워지기를 축복합니다. 나는 그리스도의 평강으로 당신을 축복합니다.'

첫 번째 기도는 문제를 그냥 하나님께 위임하는 것이다. 나의 어떤 노력이 없는 게으른 기도다. 또한 나의 의를 드러내고 정죄하며 프레드의 죄에 집중했다.

두번째 축복은 많은 생각과 사랑을 요구한다. 정죄하지 않고 프레드의 현재 모습이 아닌 프레드가 가지고 있는 가능성에 초점을 둔다. 사탄은 우리 이름과 가능성을 알고 있으나 죄로 우리를 부른다. 반면에 하나님은 우리의 죄를 알고 계심에도 우리를 진정한 이름으로 그리고 가능성으로 부르신다. 두 번째의 축복은 하나님의 계획과 목적에 부합한다. 하나님의 긍휼하심을 잘 보여준다. 하나님은 프레드를 사랑하신다는 것을 기억하라.

DIFFERENT SITUATIONS
WE MAY FACE
(다양한 상황들)

나는 여전히 축복을 배우고 있는 학생이다. 처음 시작할 때 축복을 어떻게 해야 하는지 몰랐고 도움이 될 만한 것들을 찾을 수도 없었다. 그러나 다양한 상황들이 존재한다는 것을 재빠르게 알기 시작했다. 그래서 여러분들이 따라할 수 있는 몇 가지 제안을 하려고 한다. 자신이 처한 상황의 필요와 성령의 인도하심을 따라 다음 제안들을 적용하라. 연습과 훈련이 필요한 데 그럴 만한 가치가 충분히 있다.

당신을 욕하거나 저주하는 사람들을 축복하기

최근에 회사를 떠난 동료가 몇 해 전 집에 방문하여 커피를 같이 마셨다. 그녀의 믿음은 뉴에이지 계통(내재하는 여신을 믿는 것과 같은)이었다. 그 녀가 근무했다가 떠났던 최근 두 직장은 파산했다고 말했다. 당시 나는 그리스도인이 된 지 그리 오래 되지는 않았어도 그 녀의 말들이 거친 저주였다는 것을 알았다. 잠시 두려움이 있었지만 즉시 이를 떨쳐버리고 그 녀를 위해 기도해도 좋을 지를 물은 후 다음과 같이 기도했다.

드보라(가명), 나는 당신의 삶을 묶고 있는 악한 영의 영향력을 결박하고 당신을 예수님의 이름으로 축복합니다. 나는 당신에게 있는 하나님의 선하심을 선포합니다. 당신 삶을 향한 하나님의 뜻이 이루어지기 바랍니다. 나는 당신이 가지고 있는 재능들을 축복하며 그것들로 당신이 미래의 직장을 축복하고 하나님께 영광 돌리기를 바랍니다. 당신은 하나님이 의도하신 대로 놀라운 하나님의 여인이 될 것입니다. 예수님의 이름으로 기도합니다. 아멘!

당신에게 상처를 주고 거절한 사람들을 축복하기

남편이 떠난 후 감정적으로 재정적으로 힘들었던 한 자매를 위해 기도했던 적이 있다. 남편을 용서할 수 있을 지를 자매에게 물었다. 물론 그러기가 어려웠지만 칭찬할 만하게도 자매는 그렇게 하기로 했다. 그렇다면 남편을 축복할 수 있을 지를 물었다. 자매는 조금 충격을 받았지만 기꺼이 그렇게 하겠다고 했다. 자매의 남편은 함께 하지 않았지만 나는 자매가 다음과 같이 따라 기도하게 했다.

나는 당신, 나의 남편을 축복합니다. 당신 인생과 우리의 결혼 생활을 향한 하나님의 계획이 열매를 맺기 바랍니다. 하나님께서 당신을 통해 의도하신 남자, 남편, 그리고 아버지가 되기를 바랍니다. 하나님의 은혜

와 긍휼이 당신과 함께 하시기를 바랍니다. 예수님의
이름으로 기도합니다.

이런 기도를 시작한다는 것이 불편했지만, 바로 그때 자매는
하나님 아버지의 마음과 기름 부으심을 붙들었다. 성령께서
자매에게 역사하셔서 우리는 같이 눈물을 흘렸다. 나는 자매
의 남편에게도 성령께서 역사하셨으리라 믿는다.

이런 상황에서 축복한다는 것은 용감한 것, 아니 장엄한 것이
며 예수님을 닮은 것이다.

자격 없는 자를 축복하는 것이 하나님의 특별한 마음이다. 예
수님 옆에서 십자가에 달렸던 도둑과 간음하다 현장에서 붙
들린 여인을 보라. 여러분과 나는 또 어떤 사람들인가? 축복
은 세상 것이 아니며 우리의 직관과는 반대되는 것이다. 마음
에 상처를 가진 사람들이 자연스럽게 할 수 있는 그런 것이
아니다. 그러나 바로 그것이 하나님의 길이며 축복을 받은 사
람뿐만 아니라 축복을 준 사람을 회복시킨다. 여러분들의 육
체를 상하게 하고 생명을 단축시키는 비통, 복수, 분개, 화와
같은 독성들이 제거된다.

데니스(Denis)로부터 최근에 받은 메일이다.

3개월 전쯤 내 동생과 전화 통화를 했습니다. 동생이 다른 도시에서 일하며 살고 있어서 우리는 이야기할 기회가 많지 않았습니다.

친밀하게 나누던 이야기를 마치려던 순간 동생이 그 부인과 함께 하고 있는 사업을 내가 축복해도 될지를 물었습니다. 동생이 갑자기 아무 말없이 매우 무례하게 나를 화나게 하는 말을 했습니다. 우리의 관계가 이대로 영원히 깨어질 수도 있겠다 생각했습니다. 그 일이 있은 후 '축복의 놀라운 능력'의 원칙을 따라 일상 생활을 하며 동생의 사업에 하나님의 도우심을 구했습니다. 어떤 날에는 하루에 두세 번씩 그렇게 했습니다. 3개월쯤 흐른 후 크리스마스 전 어느 날 마치 아무 일도 없었던 것처럼 동생이 전화를 했습니다. 그의 매우 친절한 태도에 놀랐고 우리 사이에 있던 모든 갈등도 사라졌습니다.

우리가 어찌할 수 없는 상황 속에서 '축복의 놀라운 능력'은 발휘된다. 하나님을 찬양하라!

당신을 화나게 했던 사람들을 축복하기

교통 체증 상황에서 이기적인 위반 행위를 볼 때 많은 사람들이 화를 내곤 한다. 이런 일이 있을 때 우리도 모르게 세상 언어들이 입 밖으로 튀어나오게 된다. 이럴 때면 하나님이 창조하고 사랑하는 누군가를 저주하게 된다. 하나님께서 그 사람을 위해 변호하시지 않을까?

다음부터는 이런 일이 생기면 화를 내며 나쁜 말을 하기보다 그런 운전자를 축복해보자.

내 앞에서 불법적인 끼어들기를 한 저 젊은이를 축복합니다. 그를 향한 주님의 사랑을 선포합니다. 주님의 선하심과 그의 인생을 향한 주님의 계획을 그에게 전합니다. 이 젊은이를 축복하며 그의 내면의 잠재력이 드러나길 바랍니다. 안전하게 가는 길을 지켜주시고 그의 가족들에게 축복의 존재가 되기를 바랍니다. 예수님의 이름으로 기도합니다.

혹은 더 자유롭게 다음과 같이 기도할 수 있다.

아버지, 저 차의 운전자를 예수님의 이름으로 축복합니다. 당신의 사랑이 그를 따르며 앞지르며 붙드시길 바랍니다.

줄리안이라는 독자가 재미있는 관찰을 했다.

'축복하기'는 오히려 나를 변화시켰다는 것을 알게 되

었습니다. 나는 짜증나게 하는 사람들을 결코 축복할 수 없었고 그런 사람들에 대해 나쁜 생각과 나쁜 말들을 했습니다. 그것은 매우 잘못된 것이었지요. 이제는 '축복하기'가 만들어 낼 놀라운 결과를 기대합니다.

한번은 가족들 간에 상속 관련한 다툼을 하던 존이라는 친구가 기도를 요청했다. 이 다툼은 모든 가족들을 더욱 불행하게 만들고 있었다. 기도 대신에 나는 그 상황을 축복하기를 제안했다.

상속 문제로 발생한 이 다툼의 상황을 예수님의 이름으로 축복합니다. 우리는 현재 분열과 논쟁, 불화를 겪고 있으며 정의와 공의, 조화를 잃어버렸습니다. 이 상황을 축복하며 우리의 생각과 욕심을 내려 놓고 상속을 통해 당신의 뜻을 발견하기를 바랍니다. 예수님의 이름으로 기도합니다.

몇 날이 지나지 않아 그 문제는 호의적으로 해결되었다.

독자 중 한 사람이 내게 들려주었던 다음 이야기를 나는 몹시 좋아한다.

다른 사람들을 축복할 때마다 내가 경험한 것은 응답시간이 놀랍도록 빠르다는 것이었습니다. 우리가 누군가를 위해 축복의 기도를 하면 그를 향한 사랑을 급하게 나타내시는 하나님이심을 알게 됩니다. – 다린 올슨 목사(Junction City, Oregon Nazarene Church)

축복은 진실로 세상을 바꿀 수 있다.

BLESSING, INSTEAD OF CURSING, OURSELVES
(저주가 아닌 축복하기)

저주를 인식하고 제거하기

'나는 못 생겼어요, 나는 멍청해요, 나는 서툴러요, 나는 머리가 나빠요, 누구도 나를 좋아하지 않아요, 하나님은 나를 결코 사용하지 않으실 거예요, 나는 죄인입니다.' 이런 생각들을 얼마나 자주 하는가? 우리가 믿을 때까지 사탄이 하는 많은 거짓말들이다.

항상 이런 생각을 하는 친구들을 볼 때마다 슬퍼진다. '어리석은 아이 로즈(가명), 또 일을 엉망으로 만들었구나. 네가 제대로 할 수 있는 일이 있니?'

이런 저주들을 반복하거나 받아들이지 말라. 오히려 당신 자신을 축복하라.

몇 사람이 그룹으로 함께 모여 기도하던 중에 있었던 일이다. 기도 받기를 원했던 한 자매가 스스로 아무런 가치가 없다는 생각에 사로잡혀 있다는 것을 알았다. 자매는 기도하던 중에

'나는 바보예요'라고 말했다. 어디서 그런 말을 들었는지를 묻자 어릴 때 부모님들로부터 들었다고 했다. 얼마나 슬픈 일인가? 그런데 그런 일이 많은 가정에서 일어난다.

나는 같이 기도하자고 제안했다.

> 나의 부모님들을 예수님의 이름으로 용서합니다. 나는 나 자신을 용서합니다. 부모님과 내가 나에 대해 했던 말들의 사슬을 끊습니다. 나는 예수님의 마음을 갖겠습니다. 나는 명석한 자입니다.

우리는 즉석에서 거절의 영, 가치가 없다고 말하는 영들을 몰아내고 자매를 축복하며 하나님의 공주인 것을 선포했다. 하나님은 자매를 소중히 여기시며 자매를 통해 많은 사람들을 치유하시고 소망을 주고 축복할 것이라는 것도 선포했다. 나는 자매를 대담하게 축복했다.

자매가 천천히 이런 축복을 받아들이자 얼굴에 빛이 나기 시작했다. 축복이 다음 몇 주간 얼마나 많은 변화를 가져왔는지 우리는 눈으로 직접 보았다. 우리는 세상을 실제로 변화시킬 수 있다.

누구라도 그렇게 할 수 있다. 성경은 인간들을 향한 하나님의 선하신 계획으로 가득 차 있고 우리는 이런 하나님의 계획을 선포할 수 있다. 내가 함께 나누고 싶은 또 다른 사례가 있다. 위통으로 힘겨워하던 자매를 위해 최근에 기도를 했다. 성령이 자매에게 임하고 마귀가 떠날 때 자매의 몸이 심히 구부러졌다. 며칠 동안 모든 것이 다 해결된 듯 보였으나 통증이 재발했다. 자매는 주님께 왜 다시 아픈지를 물었고 얼마 전 수련회에서 누군가가 자매에게 '닭을 잘 조리하지 않으면 사람들이 아플 수 있어요'라고 말했던 것을 성령께서 기억나게 하셨다. '수련회 기간 동안에는 아무도 절대 아파서는 안되요'라고 자매가 말했다. 그렇게 완강하게 말했던 것이 이제 더 이상은 문제가 아니었다. 불편한 마음을 주었던 말의 능력을 깨뜨리자 즉시 통증이 사라졌다.

사람들의 입술을 축복하기

'네가 만일 헛된 것을 버리고 귀한 것을 말한다면 너는 나의 입이 될 것이라'(예레미야 15:19)

예수님이 행하신 많은 기적들은 그냥 말씀하심으로 일어났다. 예를 들면 '가라 네 아들이 살아 있다.'(요한복음 4:50) 나도 그렇게 하기를 원하기 때문에 내 입술을 축복하며 입술을 통해 나오는 것들을 지켜야한다.

아내와 함께 누메아에 있는 호텔에서 묶고 있을 때 있었던 일이다. 한 어린아이가 밤새 우는 소리가 들렸다. 이삼 일 밤 동안 아이가 계속 울자 아내가 발코니로 나가 옆방 아이 엄마에게 무엇이 잘못되었는지 물었다. 아이 엄마도 무엇 때문에 우는지를 몰랐다. 의사가 세 번이나 항생제를 투여했지만 소용이 없었다. 아내가 아이를 위해 기도를 해도 될 지 묻자 의심 반으로 아이 엄마가 동의했다. 아이가 잘 자게 해 달라고 내가 서툰 불어로 아이를 위해 믿음을 가지고 축복했고 아이는 축복의 기도대로 조용히 잘 수 있었다.

누군가의 마음을 축복하기

나의 마음이 예수의 마음이 되기를 축복합니다. 나는 예수님처럼 생각할 것입니다. 나의 마음이 거룩한 성령님이 거하시는 거룩한 장소가 되기를 바랍니다. 지식과 지혜, 계시의 말씀을 담기를 바랍니다.

때로 거룩하고 순결한 생각을 하기 어려울 때 이 기도가 도움이 된다는 것을 알았다. 나의 상상력이 악한 도구가 아닌 선한 도구로 사용되기를 축복한다. 한번은 가서는 안될 여러 장소들을 떠올리고 있는 나의 상상들과 씨름하고 있을 때 하나님께서 '예수님이 너를 통해 기적 행하시는 것을 상상하라. 그러면 실제 기적들을 이루는 너를 보게 될 것이다.'라는 감동을 주셨다. 아무 것도 생각치 않는 것보다 무엇인가 좋은 것을 생각하는 것이 훨씬 효과적이라는 것을 알았다. 여러분의 마음과 상상력을 축복하는 것이 거룩한 목표를 이루는 데 도움을 준다.

이기적이고 세속적으로 실패했다는 생각이 들어 울적했을 때 오래된 찬양이 나의 마음에서 흘러나왔다.

> 내 맘의 주여 소망되소서 주 없이 모든 일 헛되어라
> 밤이나 낮이나 주님 생각 잘 때나 깰 때 함께 하소서
> 지혜의 주여 말씀으로서 언제나 내 안에 계십소서
> 주는 내 아버지 나는 아들 주 안에 내가 늘 살고지고
> 영원한 주님 내 승리의 주 하늘의 기쁨을 주옵소서
> 어떠한 고난이 닥쳐와도 만유의 주여 소망되소서

우리의 육체 축복하기

'마음의 즐거움은 양약이라도 심령의 근심은 뼈로 마르게 하느니라'(잠언 17:22) 이 구절이 익숙한가요? 우리 육체는 긍정적인 말과 생각에 반응한다고 성경은 말씀한다.

> 나의 육체를 나는 축복한다. 오늘 나의 병약함을 깨뜨린다. 나는 육체의 행복을 축복한다.

심각한 심장 질환을 가지고 있는 형제에 대한 영상을 본 적이

있다. 혈관 우회 시도는 모두 실패했다. 3개월 간 형제는 관상동맥이 기적적으로 만들어지기를 축복하며 선포했다. 의사에게 정기 검진을 받으러 갔을 때 우회 혈관이 기적적으로 만들어져 있는 것을 발견했다.

나는 내 피부를 위해 육체 '축복하기'를 시도해보기로 했다. 젊은 시절부터 햇빛에 노출되면 문제가 있었다. 이제 나이가 듦에 따라 어깨와 등에 문제 부위가 늘어나 냉 찜질 치료를 더 자주 받아야 했다. 그래서 나는 피부를 축복하기로 작정하고 처음에는 예수님의 이름으로 축복을 하였다. 그 때 피부의 특성에 대한 책을 읽고 나서 내 시각이 바뀌었다. 피부가 온 몸을 덮고 있으며 내 몸에서 가장 큰 기관인 것에 대해 잘 알지 못했다. 피부에 대해 말한 적은 있으나 피부에게 직접 말해 본 적은 없었다. 그래서 무엇인가 멋진 이야기를 할 수 있으리라는 것을 생각하지 않고 그냥 불평만 했다. 나는 감사할 줄 몰랐다.

그러나 우리 피부는 놀라워서 들어오고 나가는 공기를 조절하며 위생 관리 기관의 역할까지 한다. 침투하는 세균들로부터 신체를 보호하며 치료를 돕기도 한다. 우리 내부의 기관들을 덮고 보호하며 아름답기까지 하다.

하나님 피부를 주시고 주름과 다른 모든 것들을 주셔서 감사합니다. 피부야 너를 축복한다.

이런 축복을 시작한 몇 달 후 나의 피부는 거의 치료되었다. 내가 칭찬하고 감사했던 것이 그렇게 만들었다. 두렵고도 놀라운 경험이었다. 불평은 하나님의 나라가 임하는 것을 방해하고 감사는 하나님의 나라가 임하게 한다는 교훈을 배웠다.

내 친구인 데이비드 굿맨(David Goodman)의 간증이다.

몇 달 전에 축복이라는 주제로 리차드 설교를 한다고 들었습니다. 해 될 것이 없는 주제지만 바라보는 관점에 따라 그렇지 않을 수도 있었습니다. 결론적으로 축복은 우리가 하나님께 구하는 것이 아니라 무너져 가는 세상을 향해 그리스도인이 가진 권한(물론 의무나 책임이 아닌)이라는 것이었습니다. 그리스도의 대사(Ambassador)로서 하나님의 나라를 위해 다른 사람들의 삶에 강력한 영향을 줄 수 있습니다. 우리는 세상에 나아가 사람들의 삶을 축복하며 동시에 예수 그리스도를 전할 수 있습니다.

다른 이들을 생각하며 배려할 때는 이 아이디어가 좋았습니다. 그러나 나 자신을 축복해야 하는 것에 대해서는 잘 이해가 되지 않았습니다. 나는 전에 스스로 가치가 없고 이기적인 사람이라서 하나님의 축복을 받아들이는 것이 쉽지 않았습니다. 우리는 그리스도인으로서 중생한 새로운 피조물이며 하나님께서 우리를 위해 계획하신 목적을 따라 창조되었다는 것을 분명히 알고서야 비로소 나의 생각이 바뀌게 되었습니다. 그런 까닭에 지금 우리 육체는 귀중한 보물이며 소중히 돌보아야 합니다. 이제 우리 몸은 성령께서 거하시는 성전입니다.

그래서 나는 매일 아침 일어나면 내 몸의 일부를 축복하고 그것이 담당하고 있는 기능들에 감사하며 그 일들을 잘하고 있는 기관들을 칭찬하는 작은 실험을 시작했습니다. 나는 온갖 재주를 부리는 손가락을 칭찬하고 그 일들을 하는 데 필요 이상의 기술을 가지고 있는 것도 칭찬했습니다. 빠른 속도로 움직이는 일을 지치지 않고 늘 일정하게 하는 나의 다리를 칭찬하고 감사했습니다. 내 몸의 각 지체들이 함께 잘 움직이는 것을 칭찬했습니다. 이때 묘한 일이 벌어졌습니다.

육체적으로나 정신적으로 훨씬 좋아졌다고 느꼈을 때 몇 개월 동안 시달렸던 아래 팔 통증 생각이 났습니다. 뼈에 계속 욱신거리는 통증을 줄이기위해 규칙적으로 문질러 주어야 했습니다. 이 문제에 초점을 맞추고 내 몸이 가진 치료의 능력과 팔의 통증이 없어지게 도움을 줄 몸의 다른 기관들을 격려하고 칭찬했습니다. 3주 정도 지난 어느 날 아침 일어나 팔에 통증이 사라졌다는 것을 알게 되었고 그 후로는 재발하지 않습니다.

다른 사람들을 위해 믿음으로 치료의 선물을 구할 때와 장소가 있는 것처럼 우리 자신을 위해 치료의 능력을 붙들어야 할 경우도 있습니다. 하나님께서 우리 몸에 주신 모든 것은 신뢰할 수 있고 새 생명으로 영원한 길을 갈 수 있다는 것이 겸손함으로 배우는 교훈입니다.

우리는 축복으로 치유를 경험한 많은 간증들을 받고 있다. www.richardbruntonministries.org/testimonies에서 여러분은 그 간증들을 읽어 볼 수 있다.

당신의 가정과 결혼, 그리고 자녀들을 축복하기

당신의 집-전통적인 집 축복하기

당신의 집을 축복하되 적어도 1년에 한번은 새롭게 축복하는 것이 좋겠다. 살고 있는 곳을 축복한다는 것은 그 곳을 하나님께 드리며 헌신한다는 것이다. 예수님이 주신 영적인 권한을 사용해서 그렇게 할 수 있다. 성령을 초청하며 하나님의 것이 아닌 다른 모든 것들은 내어보내야 한다.

가정은 그냥 건물이 아니라 인격체이다. 집에 들어갈 법적 권리가 지금은 당신에게 있지만 전에는 다른 누군가에게 있었다. 축복이나 저주를 가져올 수 있는 일들이 그곳에서 발생했다. 무슨 일이 있었든지 이제부터 그 곳의 영적인 기운이 어떠해야 하는지를 결정하는 것은 당신의 권한이다. 과거 주인으로부터 흐르는 사악한 기운이 있다면 당신은 그것을 감지할 것이고 그것을 쫓아내는 것은 당신의 결정이다.

물론 당신도 모르게 가정에 들어온 사악한 기운이 어떤 것들인지 신중히 생각해야 한다. 사악한 그림, 인공물, 책, 음악, 혹은 DVD등을 가지고 있는가? 어떤 TV프로그램에 빠져 있는가? 당신의 가정에 흐르는 죄가 있는가?

집 안의 방들을 돌며 당신이 할 수 있는 간단한 축복이다.

나는 우리 집과 가정을 축복합니다. 이 집은 하나님께 속하였으며, 하나님께 드려졌으며 예수 그리스도의 통치 아래 있음을 선포합니다. 이 곳은 축복의 집입니다.

예수님의 보혈로 이 집에 흐르는 모든 저주의 사슬을 끊습니다. 나는 예수님의 이름으로 모든 마귀들에 대한 통제의 권능을 가지고 있습니다. 나는 모든 마귀들이 즉시 떠나가 다시는 돌아오지 말 것을 명령합니다. 다툼의 영, 불화의 영, 갈등의 영들을 쫓아 버립니다. 나는 빈곤과 가난의 영을 던져 버립니다.

성령님 오셔서 당신께 속하지 않은 모든 것을 버리게 하소서. 이 집을 당신의 임재로 채워주십시오. 성령의 열매(사랑, 희락, 화평, 오래 참음, 자비, 양선, 충성, 온유, 절제)를 맺게 하소서. 이 집을 넘치는 평화와 풍성한 사랑으로 축복합니다. 이 집을 방문한 모든 사람들이 하나님의 임재하심을 알고 축복을 받게 하소서. 예수님의 이름으로 기도합니다. 아멘!

나는 주위를 돌며 내 집을 축복하고 영적으로 예수님의 보혈이 그 안에 있는 사람들과 재산을 모든 악과 자연 재해로부터 보호해 주시기를 선포했다.

당신의 결혼 생활

우리는 축복의 결혼생활이나 혹은 저주의 결혼 생활을 하고 있다. 케리 커크우드(Kerry Kirkwood)가 쓴 '축복의 힘'이라는 책에서 이 문장을 처음 읽고 나는 충격을 받았다. 이것이 진실일까?

그 것에 대해 많은 생각들을 한 결과 그 것이 매우 진실되다고 믿게 되었다. 행복하지 않은 결혼 생활이나 행복하지 않은 자녀들은 그들을 축복하지 않은 우리에게 책임이 있다. 장수나 건강한 관계를 포함하여 우리를 향해 하나님이 계획하신 좋은 것들을 받는 비결은 '축복'이다. 누군가를 축복하고 무엇인가를 축복할 때 우리는 그들에게 분담자와 동역자가 된다.

저주라는 것들을 주목해 보라. 남편과 아내는 서로를 너무 잘 알고 있다. 상대를 화나게 할 약점(Hot button)이 무엇인지 안다. '이런 것들을 실제 말하지 않았나요,' '당신은 결코 듣지 않아요,' '당신의 기억은 형편없군요,' '당신은 요리를 할 줄 몰라요,' '당신은 절망적이예요' 등 이런 이야기를 들어본 적이 없나요? 이런 이야기를 충분히 자주 듣고 있다면 이런 언어들이 저주가 되고 실제가 된다.

절대 저주하지 말라, 축복하라. 저주나 죽음의 언어를 말하면 하나님께서 당신에게 주기 원하시는 축복을 상속받지 못한다는 것을 기억하라. 우리가 저주하는 대상자보다 저주는 우리 자신에게 영향을 준다. 우리의 기도가 응답 받지 못하는 이유가 될 수도 있지 않을까?

축복을 배우는 것은 새로운 언어를 배우는 것과 같이 처음에는 매우 어색할 수 있다. 예를 들면,

니콜, 성부와 성자와 성령의 이름으로 당신을 축복합니다. 나는 하나님의 선하심을 당신에게 드립니다. 당신 인생에 하나님의 의도하심이 열매를 맺기 바랍니다.

나는 당신이 가진 만남과 사랑의 재능, 따뜻한 환대의 재능을 축복합니다. 나는 사람들을 편안하게 하는 당신의 재능을 축복합니다. 당신은 하나님이 택한 여 주인으로서 하나님을 대신하여 손님들을 영접하게 될 것이라는 것을 선포합니다. 인생의 하반기에도 이런 일을 계속할 수 있는 에너지로 당신을 축복합니다. 나는 당신을 건강과 장수로 축복합니다. 나는 당신을 기쁨의 기름으로 축복합니다.

당신의 자녀들

자녀를 축복하는 많은 방법이 있다. 4살인 손녀를 내가 어떻게 축복하는지가 여기 있다.

애슐리, 너의 인생을 축복한다. 네가 하나님이 기뻐하는 여인이 되기를 바란다. 너의 마음이 늘 건강하기를 축복하며 모든 의사결정을 할 때 필요한 지혜와 분별력을 갖기를 축복한다. 혼인까지 순결한 육체, 건강하고 강한 몸을 축복한다. 하나님께서 너를 위해 계획한 일들을 실행할 너의 손과 발을 축복한다. 너의 입술을 축복한다. 진리와 격려의 말들을 하길 바란다. 너의 심장이 하나님께 진실되기를 축복한다. 풍요함과 하나됨으로 너의 남편이 될 친구와 미래의 자녀들을 축복한다. 애슐리, 나는 너와 관련된 모든 것을 사랑한다. 나는 너의 할아버지라는 것이 자랑스럽다.

물론 자녀가 힘들어하는 어떤 부분들이 있을 때는 거기에 맞추어 적절하게 축복할 수 있다. 학교에서 학업을 하는 데 어려움이 있다면 배운 것을 잘 기억하며 가르침 뒤에 있는 기본 개념들을 이해할 수 있는 마음을 축복할 수 있다. 자녀들이 누군가에게 괴롭힘을 당하고 있다면 지혜와 키가 자라며 하나님과 친구들로부터 인정받기를 축복할 수 있다.

믿음 좋은 멋진 자매와 손자에 대해 이야기했던 것을 기억한다. 자매가 했던 모든 얘기는 손자가 잘못한 것들, 반항적인 태도, 학교에서 나타난 문제 행동들이었다. 올바르게 행동하는 법을 배우기 위해 캠프에 보냈지만 다른 아이들에게 큰 어려움을 주어 다시 집으로 보내졌다.

한참을 듣는 중에 자매가 무의식적으로 손자를 입으로 저주하며 말로 손자를 감옥에 가두고 있다는 것을 알았다. 그러자 자매는 부정적인 말들을 멈추고 대신에 손자를 의도적으로 축복하기 시작했다. 자매의 남편도 똑같이 손자를 축복했다. 불과 며칠이 지나지 않아 그 소년은 완전히 변해서 캠프로 복귀했고 잘 자라고 있다. '축복의 놀라운 능력'이 얼마나 빠른 반응을 보였는지 알게 되었다.

아버지가 자녀들에게 줄 수 있는 가장 경이로운 일 중 하나는 아버지의 축복이다. 프랭크 하몬드(Frank Hammond)가 쓴 '아버지의 축복(The Father's Blessing)'이라는 놀라운 책을 통해 이것을 배웠다. 아버지의 축복을 받지 못하면 아이는 무엇인가가 부족하다는 상실감을 갖게 된다. 어떤 다른 것으로도 채울 수 없는 공간이 생긴다. 아버지들이여, 당신 자녀들과 다른 가족 구성원들에게 손(머리나 어깨에)을 얹고 때때로 축복하라. 당신과 그들을 위해 하나님께서 하시는 놀라운 일들을 발견할 것이다.

이 메시지를 전할 때마다 '아버지가 손을 얹고 축복한 것을 경험한 사람들이 얼마나 되는지?'를 묻는다. 오직 소수의 사람들만이 손을 든다.

그 때 내가 그들의 육신의 아버지를 대신한 영적 아버지가 되어 성령의 능력으로 전에 결코 받지 못했던 축복을 해도 될지를 묻는다. 반응은 눈물, 구원, 기쁨, 치유 등 폭발적이다.

당신도 아버지의 축복을 갈망하고 있다면 내가 했던 것처럼 다음을 큰 소리로 당신 자신에게 말하라. 프랭크 하몬드(Frank Hammond)의 책으로부터 배운 축복이다.

아버지의 축복

나의 자녀야, 나는 너를 사랑한다. 너는 특별하며 하나님이 주신 선물이다. 너의 아버지가 되게 하신 하나님께 감사드린다. 나는 너를 사랑하고 네가 자랑스럽다.

내가 했던 말과 행동으로 너를 마음 아프게 했던 것을 용서해주기 바란다. 내가 마땅히 했어야 할 것을 하지 않았던 것, 네가 듣기 원했지만 말하지 않았던 것들도 용서해주기 바란다.

나의 죄, 조상들의 죄로 인해 너를 묶고 있는 모든 저주의 사슬을 끊는다. 예수님이 십자가를 지심으로 우리는 모든 저주로부터 풀려나 축복을 받았다.

마음에 있는 모든 거절의 상처, 무시당했던 일, 그리고 고통을 주었던 학대가 치유되기를 축복한다. 너를 마음 아프게 했던 말들과 부당한 말들의 힘을 예수님의 이름으로 깨뜨린다.

나는 평화의 왕만이 줄 수 있는 넘치는 평화로 너를 축복한다. 나는 너의 인생이 좋은 열매, 풍성한 열매, 지속적인 열매로 넘치기를 축복한다. 나는 네가 성공하기를 축복한다. 너는 머리가 되고 꼬리가 되지 않을 것이다. 너는 위에 있는 자가 되고 아래 있는 자가 되지 않을 것이다.

나는 하나님께서 네게 주신 재능을 축복한다. 나는 너를 좋은 의사 결정을 하게 하는 지혜와 그리스도 안에서 모든 잠재력을 개발할 지혜로 축복한다.

나는 너를 넘치는 번영으로 축복하며 많은 사람들에게 축복이 되기를 바란다.

너는 세상의 빛이며 이 땅의 소금이기에 나는 너를 영적인 영향력으로 축복한다.

나는 너를 영적인 명철함과 주님과의 동행으로 축복한다. 하나님의 말씀이 네 발의 등이며 네 길의 빛이 되시니 너는 결코 흔들리거나 넘어지지 않을 것이다.

나는 예수님이 우리를 보았듯이 너희도 그렇게 보기를 축복한다. 나는 네가 사람들 속에 있는 작고 약한 것이 아닌 금과 같이 귀한 것을 보고, 찾고, 칭찬하기를 축복한다.

나는 네가 직장에서 하나님이 계심을 알려주기를 축복한다. 그분을 증거하며, 좋은 성품을 닮을 뿐만 아니라 너의 일에 탁월함과 창의성으로 하나님을 영화롭게 하기를 축복한다.

나는 너를 좋은 친구들로 축복한다. 너는 하나님과 사람들에게 선한 마음을 가지라. 나는 하나님의 은혜를 다른 사람들에게 전하는 넘치도록 풍성한 사랑으로 너를 축복한다. 너는 하나님의 위로하시는 은혜를 다른 사람들에게 전할 것이다. 너는 축복받은 자녀다. 너는 그리스도 예수 안에서 모든 영적 축복을 받았다.

아버지 축복의 가치에 대한 증언들

나는 '아버지의 축복'을 듣고 변화되었습니다. 태어난 이래 그와 같은 설교의 말씀을 들어 보지 못했습니다. 나의 육신의 아버지가 오늘까지 나에게 말을 했던 적도 없습니다. 하나님이 당신을 사용하여 나를 이곳에 인도하셨습니다. 나는 기도해 줄 누군가가 필요했고 영의 아버지가 내 인생에 아버지의 축복을 선포해 주는 것이 필요했습니다. 당신이 아버지가 아들에게 하는 축복을 내게 했을 때 나의 마음은 평온해졌고 행복하다는 것과 축복받고 있다는 것을 알았습니다. – 와이클리프 알루마사 목사, 케냐

우울증 가운데 나의 미래를 찾아가는 길고도 어려운 길을 걸어왔습니다. 영과 육, 혼 모든 면에서 전쟁을 치르고 있었습니다. 나의 과거를 치유하는 것이 유일한 해결책이었고 나의 아버지를 용서하지 않고는 한 발자국도 나아갈 수 없었습니다. 상처를 주었던 일들뿐만 아니라 아버지의 부재로 잃어버린 많은 일들 때문이었습니다. 나의 아버지는 결코 나를 사랑한다는 말을 하지 않았습니다. 아버지는 감정적으로 메말라 있었습니다. 사랑하고 돌보는 마음을 표현하는 감성적인 말 듣기를 나는 간절히 바랐지만 아버지는 결코 하지 않았습니다. 내적 치유와 용서라는 과정을 통해 우울증이 점차 나아지고 있을 때도 여전히 과민성 대장증후군과 같은 신체적 현상들을 겪고 있었습니다. 치료라기보다는 그저 증상을 완화할 약과 식습관을 의사로부터 처방받았습니다.

친구인 리차드가 나에게 '아버지의 축복'에 대한 이야기와 사람들의 반응에 대해 말해 주었습니다. 내 영혼

의 무엇인가가 그 생각에 사로잡혔습니다. 아버지의 부재로 인한 공백을 용서했다고 했지만 실은 그 공백이 채워지지 않았으며 내 영혼의 갈망에 만족함이 전혀 없다는 것을 알게 되었습니다. 그래서 그런 일이 일어났던 것입니다. 어느 날 아침 카페에서 리차드와 아침을 같이 하며 그는 나의 아버지가 벗어 놓은 신발을 신고 나를 아들로서 축복하였습니다. 성령이 내게 임하셨고 하루 종일 함께 하셨습니다. 그 것은 멋진 경험이었고 울고 있던 내 영혼이 평화를 찾았습니다.

전혀 예상치 않았던 일은 그 날 이후로 과민성 대장 증후군이 완전히 멈추었다는 것입니다. 처방받은 약과 식습관은 버렸습니다. 나의 영혼이 갈망하던 것을 받자 내 육체 또한 치유되었습니다. – 라이언(Ryan)

나는 스스로 '아버지의 축복'을 소리 내어 읽고 또 말했습니다. 그 것으로부터 벗어날 수 없는 마음에 나는 울고 울었습니다. 주님이 나를 치유하시는 것을 느낄 수 있었습니다. 나의 아버지는 죽는 날까지 부정적인 말과 저주의 말을 내게 했습니다. 이제 나는 자유함을 얻었습니다. – 맨다(Mandy)

'아버지의 축복'을 강의하는 곳마다 엄청난 일들이 있었다. www.richardbruntonministries.org/testimonies에

서 많은 간증들을 www.richardbruntonministries.org/resources에서는 '아버지의 축복'에 관한 영상을 볼 수 있다.

예언하여 사람들을 축복하기

당신이 축복하기를 시작할 수 있도록 많은 예들을 주었지만 하나님의 대언자처럼 하나님의 분명한 의도나 적절한 말(정확한 시간에 정확한 말)을 선포할 수 있도록 성령께 도움을 구하라. 상황이 허락한다면 방언으로 기도하며 영혼을 깨우고 경배하라. 앞에 제시한 다양한 예시들을 사용하여 시작할 수 있으나 성령께서 당신을 인도하실 것이라는 것을 믿으라. 그 분의 심장 박동을 느끼라. 머뭇거리며 시작할 수도 있으나 당신은 곧 주님의 마음을 붙잡게 될 것이다.

당신의 일터 축복하기

첫 번째 장으로 돌아가 내 경험으로부터 나온 예를 당신 상황에 적용하라. 하나님께서 당신에게 보여주시는 것에 열린 마음을 갖으라. 그 분이 당신의 관점을 조정하실 것이다. '축복하기'는 마법의 철자법과 같은 것이 아니다. 예를 들면 하나님은 사람들이 필요치 않고 원하지 않는 것을 구매하게 하지 않으신다. 하나님은 게으름이나 부정직을 축복치 않으신다. 하나님이 정한 조건들을 따르며 당신 사업을 축복해야 할 것이다. 사업의 현 주소로부터 하나님이 원하는 곳으로 갈 수 있도록 도움을 구하라. 하나님의 음성이나 하나님이 당신에게 보낸 사람으로부터의 조언을 듣는 데 마음을 열라. 하나님의 도우심을 바라라. 하나님은 당신을 사랑하고 당신이 성공하기 원하신다.

벤 폭스(Ben Fox)로부터 다음과 같은 증언을 들었다.

부동산 사업을 하고 있는 나는 지난 몇 년간 큰 변화를 겪었고 나의 사업은 크게 감소하였습니다. 나는 여러 사람들에게 나의 일자리를 위해 기도를 부탁했습니다. 심히 걱정하고 근심해야 할 정도로 업무량이 줄고 있었습니다.

2015년 초쯤 나는 브런튼씨가 일자리와 사업, 가족과 많은 다른 것들을 축복하는 것에 대한 시리즈 강의가 있다고 들었습니다. 그 때까지 내 기도의 초점은 하나님께 바로 그런 것들을 도와 주시길 요청하는 것이었습니다. 축복을 선포한다는 것은 배워 보지 못했습니다. 그러나 나는 이제 성경 전체에 그것이 기술되어 있다는 것을 압니다. 하나님께서 우리를 부르시고 우리에게 예수님의 이름으로 그렇게 하도록 권위를 주셨다는 것도 압니다. 나의 일을 축복하기 시작했습니다. 나의 일에 대해 하나님의 말씀을 선포하고 하나님께 감사했습니다. 나는 매일 아침이면 끈

질기게 나의 일을 축복했고 새 사업을 주실 하나님께 감사하며 내가 도울 수 있는 고객들을 보내주시길 간구했습니다.

다음 12개월 동안 나의 사업 규모는 엄청나게 늘었고 그 후 가끔은 몰려오는 일에 둘러싸이기도 했습니다. 매일의 삶을 사명으로 알고 그 곳에 하나님을 초청하는 길이 있다는 것과 우리의 직업을 축복하는 것이 하나님이 우리를 부르신 이유 중 일부라는 것을 배우게 되었습니다. 그래서 나는 모든 것을 하나님께 감사합니다. 나는 나의 근무 시간 속으로 성령님을 초대하며 지혜와 창의적인 아이디어 주시기를 구합니다. 일의 효율성을 성령께 간구할 때마다 늘 예상보다 빨리 마칠 수 있었다는 것을 알았습니다.

축복에 대한 교훈과 어떻게 축복하는지를 많은 교회들이 잊어버렸고 내가 때로 만나 이야기하는 그리스도인들도 그것을 잘 모르는 것처럼 보입니다. 다른 사람들을 축복하는 것과 같이 나의 일을 축복하는 것이 이제는 나의 습관이 되었습니다. 하나님의 뜻을 따라 예수님의 이름으로 내가 축복했던 사람들이나 모든 일에 열매가 풍성하기를 기대합니다.

공동체 축복하기

교회나 이와 비슷한 기관들 그리고 그들이 속해 있는 지역 사회를 의미한다.

우리 공동체가 하나님과 하나님께서 주신 목적을 알고 우리 각 사람과 가정들 그리고 우리가 처한 모든 상황을 향한 하나님의 사랑을 알기를 축복합니다.

우리는 공동체에 속한 모든 가정을 축복합니다. 우리는 모든 결혼과 세대를 넘어 가족 구성원들 간에 좋은 관계를 축복합니다.

우리는 모든 사람들을 건강과 부요함으로 축복합니다.

우리는 당신 손으로 하는 일들을 축복합니다. 우리는 당신이 참여하고 있는 모든 건전한 사업을 축복합니다. 그것들이 번창하기를 바랍니다.

우리는 당신 학교에 다니는 학생들이 배운 것을 잘 이해하게 되기를 축복합니다. 학생들이 하나님과 사람들 앞에서 지혜가 자라고 키가 자라기 바랍니다. 우리는 선생님들을 축복하며, 학교가 하나님과 예수님에 대한 믿음을 가르칠 수 있는 건강하고 안전한 곳이 되기를 기도합니다.

우리는 공동체에 속한 모든 사람들에게 가슴으로 호소합니다. 간절히 찾으시는 성령께 모든 사람들의 마음이 열리고 하나님의 음성에 속히 반응하기를 축복합니다. 우리가 누리는 하나님의 나라가 그들에게도 넘치기를 축복합니다.

이런 형태의 축복은 각 공동체의 특성에 맞추어져야 한다. 농촌 지역의 공동체라면 당신은 땅과 가축을 축복할 수 있다. 많은 구직자들이 있는 곳이라면 일자리를 만들 수 있는 지역 사업자들을 축복할 수 있다. 그런 축복을 받을 자격이 있는지를 걱정하지는 말라. 축복이 어디서 오는지를 그들의 마음은 이미 알고 있다.

땅을 축복하기

창세기에서 하나님은 인간에게 땅과 생물을 다스리게 주시고 그것들이 생육하고 번성하기를 축복하신 것을 우리는 알고 있다. 이것이 인간이 누려야 할 본래 영광의 모습이다. 최근 케냐에 갔을 때 거리의 아이들을 데려다가 농업을 가르치는 한 선교사를 만났다. 어떤 작물도 자라지 않기에 그 곳은 저주받은 땅이라고 주장했던 무슬림 공동체에 대한 이야기를 해 주었다. 나의 친구인 그 선교사와 크리스찬 공동체가 땅을 축복했고 그 곳은 비옥한 땅이 되었다. 이것은 축복이 하나님의 능력을 초대한 극적인 사건이다.

케냐에 있는 동안 나는 우리 교회가 지원하는 고아원 주변을 걸으며 과수원과 정원, 닭과 소들을 축복했다. 나의 과일 나무도 풍성한 열매 맺기를 축복했다.

지오프 위크런드(Geoff Wiklund)는 계속된 가뭄으로 황폐해진 교회의 땅을 축복했던 필리핀 교회의 이야기를 들려주었다. 놀랍게도 축복을 받은 땅에만 비가 내렸다. 이웃 농부들이 교회의 땅을 에워싸고 있는 배수로에서 그들 논에 필요한 물을 얻기 위해 몰려왔다. 이것은 하나님의 선하심이 축복을 통해 전달된 또 다른 놀라운 기적이다.

하나님 축복하기

이것을 마지막까지 남겼지만 사실은 이것이 가장 처음에 왔어야 한다. 내가 '하나님 축복하기'를 가장 마지막에 넣은 이유는 그것이 누군가 혹은 무엇인가에 대한 하나님의 의도와 선하심을 선포하는 축복의 모델과 맞지 않는 듯 해서다. 오히려 그것은 '행복하게 만들기'라는 생각이 든다.

우리가 어떻게 하나님을 축복할 수 있을까? 시편 103편에 이것을 할 수 있는 한가지 방법이 나와있다.

'내 영혼아 여호와를 송축하라 내 속에 있는 것들아 다 그 성호를 송축하라. 내 영혼아 여호와를 송축하며 그 모든 은택을 잊지 말찌어다.'(시편 103:1-2)

Bless the LORD, O my soul: and all that is within me, bless his holy name.
Bless the LORD, O my soul, and forget not all his benefits…

우리 영혼에 행하신 하나님의 은혜, 은택은 어떤 것일까? 하나님은 용서하시고, 치유하시고, 구원하시고, 면류관을 씌어주시고 만족시키시고 새롭게 하시고…

나는 하나님께서 내 안에 행하신 그리고 나를 통해 행하신 일들을 기억하며 하나님께 감사드리는 것을 매일 실천한다. 나는 하나님이 내 인생의 전부이심을 기억하고 인정한다. 이것이 하나님을 축복하는 것이고 또한 나를 축복하는 것이다. 당신이 행했던 것, 말했던 것 때문에 당신 자녀가 감사하며 당신을 인정할 때 어떤 느낌이 드는가? 그것은 당신의 마음을 따뜻하게 하고 당신이 그들을 위해 무엇인가를 더 하고 싶게 한다.

독자의 마지막 말

'축복하기'가 나의 인생을 어떻게 바꾸었는지를 설명하는 것은 쉽지 않다. 지금까지 나의 짧은 경험으로 볼 때, '축복하기'를 제안받은 그 누구도 그것을 거절하지 않았다. 무슬림 형제도 예외는 아니었다. 만나는 누군가에게 '축복하기'를 제안하면 마음의 문이 열린다. 하나님의 나라가 어떤 상황 속으로 또는 누군가의 삶 속으로 임하게 하는 가장 간단하며 멋진 방법이다. 나에게 '축복하기'로 기도하는 것은 나의 영적 도구 상자에 매우 특별한 도구를 더하는 것이었다. 전에는 내 인생의 일부분이 비었다는 느낌이었지만 이제는 그곳이 확실하고 단단하게 채워졌다. – 샌디(Sandi)

저자의 마지막 말

나는 이것이 하나님으로부터 온 것임을 믿는다:

그리스도 인들이여, 그리스도 예수 안에서 당신이 어떤 권한(Authority)을 가지고 있는지 안다면 당신은 세상을 변화시킬 것입니다.

APPLICATIONS
(적용)

- 당신에게 상처주었던 누군가를 생각하라 – 필요하다면 용서하라, 그리고 더 나아가 그들을 축복하라.

- 다른 사람이나 당신 자신을 저주하는 데 자주 사용하는 언어를 떠올려라. 그것들에 대해 당신은 어떻게 하기를 원하는가?

- 당신 자신, 배우자, 자녀들을 어떻게 축복할 것인지 적으라.

- 만나는 사람들과 서로 예언에 마음을 열라. 상대를 격려할 무엇인가 특별한 것에 대해 하나님께 구하라. 통상적인 말로 시작하라. 예를 들면 '나는 예수님의 이름으로 당신을 축복합니다. 당신을 향한 하나님의 계획과 목적이 결실되기 바랍니다…' 그리고 기다리며 인내하라. 예수님의 마음을 당신이 가지고 있는 것을 기억하라. 다음 순서를 바꾸어 상대방이 예언으로 당신을 축복하게 하라.

- 교회에 함께 모여 '축복하기' Outreach 팀을 구성하여 지역 사회를 치유하고 이미 하고 있는 사역들을 축복하라.

HOW TO BECOME
A CHRISTIAN
(크리스찬 되기)

이 작은 책은 크리스찬들을 위해 쓴 것이다. '크리스찬'이란 그저 선한 삶을 사는 사람을 의미하지 않는다. 성령으로 거듭난 사람 그래서 예수 그리스도를 사랑하며 따르는 사람들을 의미한다.

인간은 세가지 영(Spirit), 혼(Soul), 그리고 육체(Body)로 구성되어 있다. 우리의 영은 영이신 거룩하신 하나님을 알고 교제하기 위한 것이다. 인간은 하나님과 영적으로 친밀한 관계를 갖기 위해 창조되었다. 그러나 인간의 죄가 우리를 하나님으로부터 분리시켰고 그 결과 우리의 영은 죽고 하나님과의 친밀한 교제를 잃었다.

결국 인간들은 혼과 육체만으로 살아왔다. 혼은 지(The intellect) 정(The emotion) 의(The will)로 구성되어 있다. 이 결과 만들어진 세상은 너무 분명하다 – 이기심, 자존심, 욕심, 목마름, 전쟁, 그리고 진정한 평화와 의미의 부재다.

그러나 하나님께서는 인류를 구원할 계획이 있으셨다. 성부 하나님은 독생자 예수를 보내셨다. 예수는 인간의 모습으로 세상에 왔지만 하나님이 어떤 분인지를 우리에게 보여주셨다. '나를 본 자는 아버지를 본 것이다'라고 하시며 우리 죄의 결과를 당신이 담당하셨다. 그의 무시무시한 십자가 죽음은 창세 때부터 계획되었으며 구약에 자세히 예언되었다. 그가 인류의 죄에 대한 대가를 지불했다. 거룩한 공의가 이루어진 것이다.

그러나 하나님께서는 예수를 죽음으로부터 일으키셨다. 예수님은 그를 믿는 사람들을 죽음으로부터 일으키시고 그와 함께 영원한 생명을 약속하신다. 예수님은 성령을 보증으로 주셔서 우리가 예수님을 알고 예수님과 함께 세상 삶을 동행하게 하신다.

그것이 예수 그리스도 복음의 핵심이다. 당신의 죄를 인정하고 고백하며 예수님이 십자가에서 당신 죄의 대가를 지불하신 것과 죽음으로부터 부활하신 것을 믿는다면 그의 의로우심이 당신에게 전가된다. 하나님께서 성령을 보내 당신의 영을 새롭게 하신다. 그것이 거듭남의 의미이다. 거듭난 당신은 하나님을 알고 하나님과 친밀한 교제를 나눌 수 있으며 바로 그것이 하나님이 당신을 최초 창조하신 이유이다. 당신의 육체가 죽음을 맞이할 때 예수님은 당신을 일으키시며 영광스럽고 영원한 생명을 주실 것이다. 얼마나 놀라운 소식인가!

세상에서 살아가는 동안 성령(하나님과 동일하신 분)께서 당신 안(당신을 정결케 하고 예수의 성품을 닮게 하는)에서 그리고 당신을 통해(다른 사람들을 축복하기) 일하신다.

예수께서 죄 값을 대신 치루셨다는 것을 믿지 않는 사람들은 그 결과 심판을 받게 될 것이다. 당신은 그것을 원하지 않는다.

여기에 당신이 할 수 있는 기도문이 있다. 당신이 진심으로 다음과 같이 기도하면 당신은 새롭게 거듭나게 될 것이다.

하늘에 계신 하나님과 예수님의 이름으로 당신께 옵니다. 나는 내가 죄인인 것을 이제 압니다.(알고 있는 당신의 죄를 고백하라) 나는 죄와 하나님없이 살았던 삶을 회개합니다. 나는 당신의 용서가 필요합니다.

나는 독생자 예수 그리스도가 십자가에서 그의 고귀한 피를 흘리며 나의 죄를 위해 죽으신 것을 믿습니다. 나의 죄로부터 돌이키기로 결단합니다.

'네가 만일 네 입으로 예수를 주로 시인하며 또 하나님께서 그를 죽은 자 가운데서 살리신 것을 네 마음에 믿으면 구원을 얻으리라.'(로마서 10:9)고 성경에서 말씀하셨습니다.

지금 나는 예수를 내 영혼의 주인으로 고백합니다. 하나님께서 예수를 죽음으로부터 살리신 것을 나는 믿습니다. 바로 이순간 나는 예수를 나의 구원자로 영접합니다. 그의 말씀대로 바로 지금 나는 구원을 받았습니다. 나를 위해 죽기까지 사랑하신 것 감사합니다. 예수님은 경이로운 분이십니다. 나는 주님을 사랑합니다.

성령님 창세 전 나를 지으신 목적대로 살 수 있도록 나를 도와 주시기를 간구합니다. 믿음의 동역자들과 나를 주님 안에서 자라게 할 정하신 교회로 나를 인도해 주십시오. 예수님의 이름으로 기도합니다. 아멘!

이 작은 책을 읽은 모든 분들께 감사를 드립니다.
축복이 당신의 삶을 어떻게 바꾸었는지, 혹은 당신이 축복한
사람의 삶이 어떻게 변화하였는지 간증을 받고 있습니다.
다음의 메일로 연락 주십시오.
richard.brunton134@gmail.com

www.richardbruntonministries.org
로 방문하여 주십시오.

저자에 관하여: 리차드 브런튼은 1981년에 콜마 브런튼(Colmar Brunton)을 공동 창업하여 뉴질랜드 최고의 시장 조사 기업으로 만들었다. 2014년 은퇴 후 뉴질랜드와 세계 각국에서 집필과 강연, 사역을 하는 데 헌신하고 있다. 그는 '일을 위한 기름 부으심(Anointed for Work)'의 저자이기도 하다. 일터에서 초 자연적인 놀라운 성취를 가능케 하는 길로 여러분들을 초대한다.